CORONA PRECIOSA

Serie: La Familia Bajo Ataque

"Construyendo Nuestra Torre Fuerte"

Rosaura Eunice Gaitán de Swanson

CORONA PRECIOSA

Proverbios 12:4

La mujer virtuosa es corona de su marido...

Derechos de Autor © 2015 por
Rosaura Eunice Gaitán de Swanson
Primera Edición, 2015
ISBN -13: 978-0994736741
ISBN-10: 0994736746

DEDICACIÓN

Dedico este libro a mis amados padres, quienes ahora son unos venerables ancianos, llenos del amor de Dios y que siguen unidos en su vejez, a pesar de los fuertes temblores que sacudieron la torre de su hogar.

Ahora, ellos viven para contar el testimonio de lo que Dios hizo en sus vidas, y cómo la familia fue restaurada. También viven para bendecir a sus hijos, quienes han traído mucha alegría a ellos, los honran y rodean de amor y cuidados.

A mis amados padres, que son el ejemplo vivo, que "con Dios", una familia vive en una "Torre Fuerte" y las tormentas, no pueden destruir los cimientos de la Palabra de Dios; que son las herramientas e instrucciones que el Autor de la familia ha dejado, para las familias.

También dedico este libro, a aquellas familias que están luchando por mantener de "pie su Torre", y que en ocasiones pierden la fe y la esperanza de lograrlo. O para aquellas que su Torre, se ha derrumbado. Mi mensaje para ellos es: "ánimo, adelante, desbaraten lo que han construido con cimientos falsos y vuelvan a reconstruir con los Verdaderos Cimientos"

Rosaura Eunice

TABLA DE CONTENIDO

DEDICACIÓN _____3

PREFACIO _____5

1. ATAQUE A LA COMPOSICIÓN DE LA PAREJA EN EL MATRIMONIO: _____7

2. ATAQUE A LA PRIVACIDAD Y DESARROLLO DE LA FAMILIA _10

3. ATAQUE Al PACTO: (A la unidad, confianza, pureza e intimidad) _____12

4. ATAQUE AL ORDEN Y RESPETO DE LA AUTORIDAD: _____18
    4.1. El Hombre Cabeza De La Mujer: _____19
    4.2. ¿Qué pasa cuando el hombre no es cabeza? ¿Qué pasa cuando la cabeza deja de ejercer sus funciones en el cuerpo?_____21
    4.3. Cuando La Mujer Usurpa El Lugar Del Esposo: _____22
    4.4. ¿Qué pasa con los hijos, cuando el hombre no ejerce su liderazgo sabiamente? _____23

5. DEBERES O FUNCIONES DE LA MUJER EN LA FAMILA. _____24
    5.1. Mujer Como Ayuda Idónea De Su Esposo: _____24
    5.2. Mujer Sujeta A Su Marido: _____27
    5.3. La Mujer Creyente: Canal De Bendición al Esposo y Los Hijos. _33
    5.4. La Mujer Virtuosa. _____37

LA MUJER EN LA FAMILIA _____54

AGRADECIMIENTOS _____56

ACERCA DE LA AUTORA _____57

INFORMACIÓN Y CONTACTO _____58

PREFACIO

En noches pasadas, meditando sobre los niños y jóvenes, vino a mi mente: "nuestra generación está sufriendo mucha presión, niños y jóvenes en situaciones extremas, se están suicidando, están sufriendo violencia, abuso y abandono". ¿Qué está pasando? Mi primera pregunta fue: ¿Quiénes tienen la responsabilidad de ellos en primera instancia? Por su puesto, vino a mi mente la palabra: "padres". Entonces, tenía niños, jóvenes, padres; y de repente todo fue muy obvio antes mis ojos: **"LA FAMILIA ESTÁ BAJO ATAQUE"**; es un ataque directo al diseño, al modelo que Dios instituyó en la tierra para la familia.

A continuación vamos a analizar según la Palabra de Dios, que son esos ataques y porque se están dando; también estudiaremos las funciones o roles de cada uno de los miembros de la familia. Contaré algunas historias prácticas, que ilustrarán mejor y les ayudarán a entender los fundamentos y valores sobre los cuales deben fundar su familia. Compartiré consejos basados en experiencias personales, y es mi deseo que sean de gran utilidad a cada una de ustedes, y los puedan aplicar en las situaciones que están viviendo.

Cuando terminaba este estudio sobre la familia tuve un sueño: Soñé que me habían invitado a comer a una casa, yo estaba con unos niños, al principio no quería aceptar la invitación, pues pensaba que no estaba vestida adecuadamente. Cuando llegamos al lugar, esa casa era una gran torre, entramos y una familia se encontraba viviendo allí. Comenzamos a hablar, y de pronto todo comenzó a temblar, un terremoto empezó a sacudir la torre, algunos pisos se hundían y paredes se agrietaban, pero una voz, me dijo: "Todo estará bien, no teman". Luego me vi con la misma familia, pero en otra parte de la torre, esta vez habían seres espirituales de maldad, dentro de la torre, comencé a reprenderlos y sacarlos fuera, ellos retrocedían y salían a otra habitación de la torre, pero no salían de ella, entonces le dije a toda la familia: "Todos unidos ordenémosle a estos seres de maldad salir de la torre", toda **la familia unida** comenzó a hacerlo, y estos seres salieron de inmediato. La torre donde vivía esta familia, estaba compuesta de columnas fuertes, esto son los fundamentos, los cimientos, sobre los cuales Dios quiere que edifiquemos nuestras familias.

A través del estudio de la Palabra de Dios y de sencillas preguntas, quiero que hagas un autoanálisis sobre ti, tu rol y tu familia. No quiero enjuiciarte; mi deseo sincero es ayudarte, y traer una voz de aliento, a la luz de la Biblia, para ver el Camino a seguir y como construir tu "Torre segura y estable"

Querida mujer, comencemos con estas preguntas: ¿Qué fundamentos sostienen tu familia? ¿Son lo suficientemente firmes para resistir cualquier ataque? ¿Cómo está la unidad en tu familia? ¿Están ayudándose mutuamente, están enfrentando a los enemigos unidos? Solo tú conoces las respuestas. Mi deseo con este manual, es recordarte las **herramientas que Dios te ha dejado**, para construir tu **TORRE FUERTE.**

Rosaura Eunice Gaitán de Swanson

1. ATAQUE A LA COMPOSICIÓN DE LA PAREJA EN EL MATRIMONIO:

"Varón y Hembra": única composición del Matrimonio

Génesis 1:27. Y creó Dios al hombre a su imagen, a imagen de Dios lo creó; varón y hembra los creó.

28. Y los bendijo Dios, y les dijo: Fructificad y multiplicaos; llenad la tierra, y sojuzgadla, y

señoread en los peces del mar, en las aves de los cielos, y en todas las bestias que se mueven sobre la tierra.

El significado de Génesis es orígenes, comienzos y fue aquí en este libro, donde Dios estableció el inicio de la familia y especificó **la composición de la pareja en el matrimonio, en una familia: *varón y hembra*. Dos seres humanos de diferente sexo. No hay lugar a otra combinación. Dios lo hablo muy preciso, hombre y mujer,** y dio instrucciones específicas a esta primera pareja que puso sobre la tierra. Al hombre le dio autoridad especial para gobernar. Dios tenía un plan perfecto para esa primer pareja o primer familia sobre la tierra. Toda otra composición en el matrimonio, está fuera de la voluntad de Dios, está fuera de la misma naturaleza de nuestros cuerpos; y trae consecuencias graves aquí en la tierra y también eternas. Se están desarrollando enfermedades mortales, por ir en contra de esta orden de Dios. A continuación leerán lo que Dios dice y advierte acerca de esto:

Romanos 1:26-32: ... pues aun sus mujeres cambiaron el uso natural por el que es contra naturaleza,

1:27 y de igual modo también los hombres, dejando el uso natural de la mujer, se encendieron en su lascivia unos con otros, cometiendo hechos vergonzosos hombres con hombres, y recibiendo en sí mismos la retribución debida a su extravío.

Y como ellos no aprobaron tener en cuenta a Dios, Dios los entregó a una mente reprobada, para hacer cosas que no convienen; estando atestados de toda injusticia, fornicación, perversidad, avaricia, maldad; llenos de envidia, homicidios, contiendas, engaños y malignidades; murmuradores, detractores, aborrecedores de Dios, injuriosos, soberbios, altivos, inventores de males, desobedientes a los padres, necios, desleales, sin afecto natural, implacables, sin misericordia; quienes habiendo entendido el juicio de Dios, que los que practican tales cosas son dignos de muerte, no sólo las hacen, sino que también se complacen con los que las practican.

Creo que los anteriores versículos no necesitan ninguna explicación; quiero resaltar algo, que no solamente, los que practican tales cosas, sino los que se complacen o avalan y permiten estas aberraciones, como es el caso de los países donde se está autorizando el matrimonio de parejas homosexuales; ellos también están bajo condenación de muerte. **Aquí se refiere a la muerte eterna, a la eterna separación de Dios, al juicio de Dios sobre ellos; tanto los que las practican, como los que se complacen o les parece normal**, diciendo que es un "derecho de libertad". Pero la Palabra de Dios es muy precisa, y bajo ninguna condición Dios acepta otra composición en el matrimonio.

2. ATAQUE A LA PRIVACIDAD Y DESARROLLO DE LA FAMILIA:

Génesis 2:24: Por tanto, dejará el hombre a su padre y a su madre, y se unirá a su mujer, y serán una sola carne.

Este es un mandato de Dios. El dejar implica, un desligarse, para que se dé algo nuevo, una nueva familia; sin embargo no será un abandono de los padres. Los padres debemos honrarlos, amarlos, visitarlos; pero ahora es el comienzo de una nueva etapa, ese hombre y esa mujer unidos, constituyen una nueva unidad llamada familia. El ataque a esta privacidad familiar se da, cuando no se obedece el principio de dejar y de ser uno solo, como esposo y esposa.

Hay cónyuges que todavía quieren seguir viviendo en las casas paternas, o aunque salen de sus casas, todavía los padres son la voz principal para ellos, y tienen a sus parejas en segundo plano; por lo tanto no puede lograr la privacidad con su pareja, ni una verdadera unidad. Pues hay más de dos personas, conformando esa pareja, y llegar a un crecimiento y desarrollo sano, será difícil o mejor dicho una imposible tarea; pues muchas son las voces que toman mando en esa familia. Esto no quiere decir que en algún momento podemos tomar consejo sabio de los familiares. Pero siempre la voz principal debe ser la de Dios y luego buscar el acuerdo con mi pareja.

Para guardar la privacidad y desarrollo de la familia, se debe seguir este principio dado en la Palabra: "dejar y unirme", éste es el inicio de una nueva familia, dejar y unirse a otro, es pertenecer a ese otro, el ser "uno" con otro.

La familia necesita la privacidad, su espacio para hablar, compartir, hacer sus propias decisiones y normas del hogar. Las mujeres nos gusta decorar a nuestro gusto, pero si compartimos el espacio con otras personas o mejor con otra familia, difícilmente podremos ponernos de acuerdo en cuanto a los gustos en la decoración. Y eso sería, lo más simple, pues otros verdaderos conflictos se comienzan a presentar, cuando una pareja de recién casados, está viviendo en alguno de los hogares paternos; todos querrán opinar acerca de la nueva familia, y para ser más claro, todos estarán listos a criticar.

Sabemos también la importancia de la privacidad en la intimidad de la pareja, y más cuando están de "luna de miel". Pero dudo mucho que se logre una bonita y espontánea intimidad con tantos ojos y oídos alrededor.

Y qué decir, cuando vengan los hijos; los abuelos, los tíos, las tías, todos querrán dar sus "opiniones", e intervenir en la crianza de los hijos. Las normas que los padres quieran ponerles, tal vez no sean bien vistas. Por todo lo anterior, me pregunto: **¿Podrá desarrollarse y crecer sanamente una familia en estas condiciones?**

3. **ATAQUE Al PACTO: (A la unidad, confianza, pureza e intimidad)**

Éxodo 20: 14. No cometerás adulterio.

1 Timoteo 3:2: Pero es necesario que el obispo sea irreprensible, MARIDO DE UNA SOLA MUJER, sobrio, prudente, decoroso, hospedador, apto para enseñar;

Efesios 5:31-32: Por esto dejará el hombre a su padre y a su madre, y se unirá a su mujer, y los dos serán una sola carne. Grande es este misterio; mas yo digo esto respecto de Cristo y de la iglesia.

El ser "uno" delante de Dios, una "sola carne", es un misterio. Pero vemos que la unión de un hombre y una mujer es tan sagrada a los ojos de Dios, que se compara con la unión entre Cristo y la Iglesia.

Definición: "El ser «una sola carne» involucra más que el acto sexual en el matrimonio. En verdad, ese acto matrimonial es el símbolo o la culminación de una unión más completa, de una entrega total a la otra persona. En consecuencia, si la unión completa no es una realidad, las relaciones sexuales pierden su sentido.

Otra definición del matrimonio que me gusta mucho es: El matrimonio es una entrega sin reservas, y un compartir profundo de la persona, en todo su ser, con su cónyuge, hasta la muerte. **El propósito de Dios es, que cuando dos personas se casan deben compartir todo: sus cuerpos, sus posesiones, sus percepciones, sus ideas, sus habilidades, sus problemas, sus éxitos, sus sufrimientos, sus fracasos, etcétera.**

El esposo y la esposa son un equipo y lo que cada uno hace, **debe ser por amor a la otra persona**, o al menos no debe ser en detrimento del otro. Cada uno debe preocuparse tanto por las necesidades de la otra persona, como por las propias (Ef. 5.28; Pr. 31.12, 27).

Los esposos ya no son dos, sino una carne, y este concepto de una carne debe manifestarse en maneras prácticas, tangibles y demostrables. Dios no desea que sea únicamente un concepto abstracto o una teoría idealista, sino una realidad concreta. La intimidad total y la profunda unidad son parte del plan de Dios para un buen matrimonio; sin embargo, no significan una total uniformidad e igualdad. Mi cuerpo se compone de muchas partes diferentes. Mis manos no hacen la tarea de mis pies y mi corazón no hace el trabajo de mi hígado. Hay gran diversidad de miembros en mi cuerpo y sin embargo mantienen la unidad. Las partes de mi cuerpo se ven distintas y actúan de una manera diferente, pero cuando funcionan normalmente cada parte trabaja para el beneficio de las demás, o, a lo menos, una parte no trata deliberadamente de herir a las otras.

Del mismo modo, el marido y la mujer pueden ser muy diferentes en algunos aspectos, pero no deben permitir que esas diferencias obstaculicen su unidad, porque el propósito de Dios para el matrimonio es la unidad total.

Sin embargo, tú y yo sabemos que la total unidad no se logra fácilmente, ya que **el obstáculo básico para el logro de la unidad, es nuestro egocentrismo**. En Génesis 2.25, inmediatamente después de que Dios dijera que el marido y la mujer serían una sola carne, la Escritura dice: "Y estaban ambos desnudos, Adán y su mujer, y no se avergonzaban". Aquí vemos que el estar desnudos no fue lo pecaminoso, pues muchos piensan que el sexo es pecado. El sexo fue idea de Dios, pero para ser usado **solamente en el matrimonio**.

Después que pecaron, que desobedecieron, leemos, que "fueron abiertos los ojos de ambos, y conocieron que estaban desnudos; entonces cosieron hojas de higuera y se hicieron delantales". En cuanto entró en escena la desobediencia, comenzaron a cubrirse.

Ese intento de cubrirse ciertamente era evidencia de que estaban conscientes de su pecado ante Dios. Inmediatamente y neciamente procuraron esconder su pecado de Dios. Y más aún, al cubrirse simbolizaban su esfuerzo por esconderse el uno del otro. Cuando entró el pecado, la transparencia y la unidad total que disfrutaban fueron destruidas.

Del mismo modo, como el pecado entró y estorbó la unidad de Adán y Eva, así nuestro pecado o desobedecer a las instrucciones de Dios, sigue siendo la gran barrera que entorpece la unidad matrimonial en el día de hoy. A veces la unidad matrimonial es destruida por el pecado del egoísmo, otras por el pecado del orgullo. En ocasiones esa unidad es quebrada por el pecado de amargura, o la ingratitud, la terquedad, el vocabulario hiriente, el abandono, la impaciencia, la aspereza o la crueldad. Fue el pecado lo que destruyó la unidad total de Adán y Eva, y es el pecado el que destruye la unidad de los esposos hoy día". (Esta explicación acerca de ser una sola carne, fue tomada del libro Fortaleciendo el matrimonio, por Wayne Mack).

También quiero recordarles, que las palabras: "yo, mío, mis", tienen que cambian por: "nosotros y nuestros". El egocentrismo no tiene lugar en el matrimonio, la independencia e individualidad, son enemigos de la unidad.

Continuando sobre el ataque al pacto, hablaremos del adulterio. **El adulterio en un matrimonio, socava directamente al pacto de fidelidad,** que se prometieron los esposos delante de Dios y de los testigos. Este ataque tiene definitivamente como fin debilitar, destruir la unidad, intimidad y la confianza en la pareja. Infringe gran dolor, ira, sentimiento de inferioridad, vergüenza, desconfianza, deseos de venganza, y otra consecuencia fatal: dividir a la pareja (el divorcio). Cuando hay hijos de por medio, por supuesto, esto será aún más doloroso y con funestas consecuencias. Solamente Dios podrá sanar y reparar todo el daño que conlleva el adulterio y un divorcio. **Pero nada es imposible para Dios.**

Después de un adulterio, debe haber un arrepentimiento genuino por parte del que lo cometió, y un verdadero perdón, de la pareja que fue ofendida, herida y burlada. Esto conlleva a todo un proceso de restauración familiar, que requiere de tiempo, paciencia, sanar heridas, ganar nuevamente la confianza, establecer normas y a veces se necesita de terapia familiar.

La palabra adulterio va más allá de lo que pensamos, Jesus dijo: **Mateo 5:28: Pero yo os digo que cualquiera que MIRA A UNA MUJER para codiciarla, ya adulteró con ella en su corazón. Y esto también se aplica a las mujeres, al codiciar otros hombres.**

Esta Palabra acerca de cuidar la forma como miramos es fuerte y radical, pero Dios sabe porque lo dice. Y esto corrobora más la santidad del matrimonio. Los hombres y aún las mujeres están en frente de una radical decisión: "guardar su pacto de fidelidad, aún con sus ojos".

Es un ataque muy fuerte a la pureza y fidelidad en el matrimonio que enfrentan en esta época las familias, pues por todo lado hay tentación (la televisión, internet, revistas, las vestimentas inapropiadas que exhiben cuerpos, etc.) Hablando del internet, este se ha convertido en un arma de tentación muy grande, pues con solo entrar a unas páginas y dar un click, se abren puertas para tener contacto y conversaciones a través de cámaras, con personas de cualquier parte del mundo, donde se puede prestar para toda clase de engaños, perversidades, obscenidades, fornicaciones, adulterios y aun mujeres han sido, asesinadas o violadas, cuando aceptan citas a ciegas, sin tener ninguna precaución al hacerlo esto.

Para ir finalizando este tema, quiero decir que todo aquel, que ha decidido ser fiel y guardar el pacto, Dios, por su Espíritu, le dará la templanza necesaria para salir victorioso de cualquier tentación.

Gálatas 5:22-23 Mas el fruto del Espíritu es amor, gozo, paz, paciencia, benignidad, bondad, fe, mansedumbre, TEMPLANZA; contra tales cosas no hay ley.

Judas 1:24. Y a aquel que es poderoso para guardaros sin caída, y presentaros sin mancha delante de su gloria con gran alegría,...

4. ATAQUE AL ORDEN Y RESPETO DE LA AUTORIDAD:

En una familia, Dios y su Palabra deben ser la principal Autoridad, Jesucristo es la Cabeza del varón y el varón la cabeza de la esposa. **1 Corintios 11:3: Pero quiero que sepáis que Cristo es la CABEZA de todo varón, y el varón es la CABEZA de la mujer, y Dios la CABEZA de Cristo.**

El termino cabeza es señal de autoridad. Primero observamos el orden: Dios Padre, Cristo, hombre, mujer. Este orden lamentablemente, no se da en la mayoría de las familias. Unos no reconocen a Dios, ni como Creador y mucho menos, le dan el lugar principal en sus familias. Esta es la puerta principal por la cual son atacadas las familias: **Cuando no se invita a Dios y no se le da el lugar que le corresponde en nuestros corazones primeramente y luego en nuestra familia.** Esta es una gran puerta abierta, por donde entran todo de tipo enemigos, para minar y destruir un hogar. **Cuando Dios y su Palabra no son el fundamento sólido de una casa, esa familia está fundamentada en la arena y no en la Roca. Por lo tanto cuando vengan fuertes vientos, no tendrá el soporte necesario para estar en pie.** Mateo 7:24-27. No está cimentada en la Torre Fuerte, que es Dios y los fundamentos: su Palabra.

Una vez el esposo y la esposa decidan darle su corazón, su voluntad a Dios, y por ende, el lugar en su familia, comienzan a tener el principal fundamento, y la guía de cómo debe funcionar la familia. No serán familias disfuncionales, que es otro de los problemas de nuestra sociedad. Los integrantes de la familia podrán acceder al manual de instrucciones para saber los roles de cada miembro y cómo funcionar en pos de la armonía, crecimiento, bienestar y la unidad familiar.

Reconocer, respetar a Dios y practicar sus mandamientos, concernientes a la vida familiar, es el primer y gran paso que asegura una verdadera estabilidad en el hogar. Estos son los fundamentos para construir esa "Torre Fuerte" que debe ser cada hogar, cada familia; y cada miembro estará protegido, y se desarrollará sanamente y productivamente, según los planes de Dios, para cada uno.

4.1. El Hombre Cabeza De La Mujer:

Para entender mejor esta frase, debemos mirar que es una cabeza. La cabeza es la parte del cuerpo donde se encuentra el cerebro y otros sentidos que rigen el resto del cuerpo: la vista, el olfato, el tacto, la audición, el gusto. La cabeza envía ondas cerebrales y dirige funciones al resto del cuerpo. Podemos decir la cabeza es el líder en el cuerpo; entonces ahora podremos decir: el hombre en la familia, es el líder de la mujer, el líder de sus hijos.

Qué lugar tan especial ocupa el hombre en una familia, y también que gran responsabilidad. Dios puso al hombre como cabeza, como líder de la familia, *él es responsable delante de Dios por ella.*

En el huerto del Edén, después de que Eva fue engañada y que Adán cayó en transgresión, por desobedecer y dudar de lo que Dios había ordenado, vemos ¿a quién llama Dios primero?

> **Génesis 3:8. Y oyeron la voz de Jehová Dios que se paseaba en el huerto, al aire del día; y el hombre y su mujer se escondieron de la presencia de Jehová Dios entre los árboles del huerto.**
>
> **9. Mas Jehová Dios llamó al hombre, y le dijo: ¿Dónde estás tú?**
>
> **10. Y él respondió: Oí tu voz en el huerto, y tuve miedo, porque estaba desnudo; y me escondí.**

Estaban el hombre y su mujer juntos, Dios sabía lo que había pasado, Eva fue la primera en caer en tentación, **pero Dios llamó a Adán, al hombre, al líder.** Dios sabe exactamente lo que hace al poner orden en una familia, al colocar un líder, en este caso al hombre. Para muchas mujeres esto les parece como discriminación o subvaloración. Pero no, esto es simplemente parte del orden que rige todas las cosas. Vemos que todo en el universo, tiene un eje, unas leyes, un principio, un líder, si esto no existiera, no habría universo, no habría orden, todo sería una gran confusión. Se imaginan en un cuerpo humano, donde cada órgano o sistema fuera autónomo. Es difícil y hasta gracioso imaginar esto, cada miembro del cuerpo haciendo lo que quiere, nunca se llegaría a un objetivo.

Cuando Dios diseño al hombre, lo hizo con esta capacidad y con esta responsabilidad de liderar. El hombre y la mujer, siendo de la misma raza, vemos que tienen diferente forma de razonar, de sentir, de ver las cosas. Se dice que el hombre piensa con la cabeza, con la razón, y la mujer con los sentimientos, con el corazón. No queriendo decir, que uno sea más inteligente que el otro. SIMPLEMENTE DIOS NOS HIZO DIFERENTES, pero *complementarios.* Eso es básicamente lo que forma la unidad: Yo tengo lo que el otro necesita y el otro tiene lo que yo necesito; pero alguien debe encausar y dirigir, para tener orden, cumplir los propósitos y alcanzar las metas trazadas. Después hablaremos del importante papel de la mujer como ayuda idónea. Estudiaremos el significado preciso de estas dos palabras: ¨ayudad idónea¨

4.2. ¿Qué pasa cuando el hombre no es cabeza? ¿Qué pasa cuando la cabeza deja de ejercer sus funciones en el cuerpo?

En términos médicos, cuando el cerebro que es el principal órgano de la cabeza, no funciona, se dice que el paciente esta grave, en peligro de muerte, está en estado de coma. Bueno, **cuando un marido, no ejerce su función de cabeza**, podríamos decir que **el matrimonio está en peligro, es vulnerable y expuesto al fracaso.**

El hombre debe entender su papel de liderazgo en la familia *y asumirlo con sabiduría, responsabilidad y equilibrio*, sin llegar a extremos; para hacer esto, indiscutiblemente, debe estar bajo la autoridad de Cristo, que Cristo sea su Cabeza, así él podrá ejercer sabiamente con la ayuda de Dios y su Palabra, el liderazgo que Dios le entrego en la familia.

Dios le delegó al hombre esta gran responsabilidad y también le dejó las herramientas, y le promete la ayuda necesaria para llevar a cabo con éxito su misión de líder en la familia. De manera querido amigo, no estás solo en tu labor, el Creador de la familia está contigo, y tiene a tu disposición toda la ayuda que tú necesitas.

4.3. Cuando La Mujer Usurpa El Lugar Del Esposo:

Cuando esto sucede, la familia está en contra del orden divino, o mejor dicho, la mujer está transgrediendo el orden de Dios. La mujer toma el lugar de cabeza, cuando tiene un espíritu de manipulación, control o dominio y rebelión; y *abiertamente o sutilmente, usurpa el lugar del esposo*. Tal vez, este fue el ejemplo que la mujer tuvo en su hogar paterno; su madre era la cabeza, o tal vez fue herida por su padre, otros hombres o autoridades, y en respuesta a esto, *no quiere sujetarse, y no respeta* la autoridad de su esposo, por temor a ser herida nuevamente, o puede ser que simplemente su esposo le cedió el lugar de cabeza, no quiso asumirlo, por irresponsabilidad o por que repite el modelo de su padre, un padre que no era líder en su hogar y trasmitió, o enseñó este patrón distorsionado a sus hijos varones.

Cualquiera que sea el caso, esto está en contra del orden establecido por Dios para la familia y como vimos, esto expone a la familia y a sus integrantes al peligro, al caos, a la disfunción y por último al fracaso. Hay excepciones, cuando la mujer ha quedado viuda o falta la figura del padre por algún motivo; en este caso, ella debe ser líder para sus hijos, estableciendo las normas para la familia y poniendo siempre a Cristo como su Cobertura, y sujetándose a las autoridades que Dios ha puesto para ella. (Padres, pastores, consejeros).

4.4. ¿Qué pasa con los hijos, cuando el hombre no ejerce su liderazgo sabiamente?

Los hijos serán los más afectados, pues tendrán un modelo erróneo de familia. Cuando la mujer toma el lugar de cabeza y pisotea la autoridad del varón, o cuando el varón cae en un liderazgo opresivo y violento; entonces vemos en estos casos, que cuando la mujer usurpa el lugar del esposo, le está diciendo a su hija: "esto es lo que harás con tu marido". Y al hijo: "eres un débil, las mujeres tenemos el control". O en el caso de un mal liderazgo, por parte del padre, dejará heridas en los hijos, y creará resentimiento y rechazo a la autoridad.

Todos estos ejemplos distorsionados, traerán un **desequilibrio en la identidad del niño o de la niña o de los adolescentes;** y por lo tanto pueden repetir los patrones o sencillamente **perder su identidad sexual** y caer en el homosexualismo o lesbianismo.

La niña rechazará a los hombres y se inclinará por su mismo sexo, y los niños temerán o rechazarán el sexo contrario, inclinándose a su mismo sexo, o a querer repetir el modelo y tomar la identidad sexual de aquel que según el niño, tiene el control y el liderazgo en su hogar. Ya sea por rechazo o por admiración de sus modelos: "padre y madre", los hijos adoptaran una posición en su identidad sexual, y patrones de vida. Cuando estos padres no han seguido el orden divino: "que el hombre es cabeza en un hogar, o de ejercer un liderazgo sano y con sabiduría"; los hijos perderán su propia identidad sexual con la cual Dios los creo. O sino la pierden, vendrán al matrimonio con comportamientos y modelos erróneos o con heridas que no les permitirá una sana relación con su cónyuge.

Enseñar a nuestros hijos **el orden en la autoridad y la sujeción a ella**, **será un fundamento** sólido que estaremos poniendo en las vidas de nuestros ellos. Esto los ayudará en todas las áreas y etapas de su vida adulta.

5. DEBERES O FUNCIONES DE LA MUJER EN LA FAMILA.

5.1. Mujer Como Ayuda Idónea De Su Esposo:

Génesis 2: 18. Y dijo Jehová Dios: No es bueno que el hombre esté solo; le haré ayuda idónea para él.

CORONA PRECIOSA

Estudiaremos los deberes o funciones de la mujer en la familia, según la Palabra de Dios. Leemos el versículo donde Dios habla, de la necesidad que tenía Adán de una ayuda idónea. **Ayuda en hebreo es Ezer: Ayudar, asistir, auxiliar, rodear, circundar, proteger, aliada, amparo, dar, defender.** Todos estos son los significados de la palabra "ayuda". Invito a cada mujer que lea cada una de estas palabras y las medite, las estudie detenidamente, y lo más importante las ponga en práctica.

Muchas veces, las mujeres se casan sólo pensando en lo que el hombre debe hacer, o darle a ellas; pero no saben y tampoco se interesan por conocer el papel que ellas, deben desempeñar en la vida de su esposo, y lo que **Dios quiere que ellas sean, ofrezcan y hagan como esposas y madres**.

Las mujeres fueron dotadas por Dios de una gran sensibilidad, fortaleza y abnegación. Una mujer que ha entregado su vida a Jesús, deseara conocer y hacer la voluntad de Dios, en su papel de esposa y madre. Será una mujer libre de egoísmo, y podrá cumplir sus funciones para las cuales fuimos creadas y capacitadas en nuestro ser interior, y en el diseño anatómico por Dios, para desempeñar con excelencia nuestra labor.

Una esposa cristiana rodeará con sus cuidados, consejos sabios y oraciones a su esposo e hijos, y los protege y defiende; le ayudará a su esposo a cumplir los propósitos que Dios tiene con él y la familia.

Será una mujer que estará en constante oración e intercesión por su marido, tendrá

sabiduría para saber cuándo hablar y cuándo callar. La mujer, es la ayuda idónea que Dios quiso traerle al hombre, cuando se encontraba solo; la puso al lado del hombre, con **iguales derechos, con igual valor, pero con diferente posición y funciones.**

La mujer no debe estar compitiendo con el marido en ninguna área, ella debe ser una compañera, que ayudará a su esposo, no rivalizará con él, o no pretenderá ocupar el lugar del marido. Para su esposo, es una aliada para el bien. Una aliada que le ayudará al marido, a andar en la voluntad de Dios, y ser un mejor hombre cada día y un siervo de Dios; digo una aliada para el bien, y quiero explicar acerca de esto: La mujer debe sujetarse y obedecer a su marido, esta es una orden de Dios para la mujer; pero hay algunas excepciones cuando la mujer no debe ser aliada para su marido, vemos una historia en el nuevo testamento, donde la esposa fue una aliada de su marido, en hacer algo incorrecto: mintieron, y las consecuencias de éste hecho, fue que ambos murieron. Esto lo podremos entender más, cuando veamos a continuación el significado de la palabra: "idónea".

En hebreo la palabra idónea es Kenegdó y significa: "frente a él, o enfrentada a él, o en su contra".

A continuación, citaré un párrafo de un estudio sobre el significado de idónea:

"La palabra Kenegdó o idónea, adopta el sentido según las actitudes y las acciones que el esposo este llevando a cabo; así por ejemplo, si sus acciones son acordes al propósito declarado en la visión que Dios le ha otorgado con la familia, la mujer se convierte en la ayuda que anima, añade confianza y esfuerza a su marido; en cambio, si el hombre pierde esa visión, la mujer se volverá contra él y le confrontará por su actitud y acción, y le conminará, le exhortará a adoptar aquellas decisiones que le hagan volver a encontrarse en la ruta correcta. En ambos casos, frente a él o en su contra, ella es un Ezer, *una ayuda, que busca que el hombre cumpla sus propósitos".*

"Le haré un poder (fuerza o socorro), la mujer, que sea digna de estar al lado del hombre, para que lo esfuerce a continuar con sus propósitos; y que le ayude a ver o se oponga, cuando el hombre se salga de los planes o camino que Dios quiere, que él este andando en su vida personal y familiar.

La Ayuda Idónea Written By: Claudia Fernández Castro|8 mayo 2010 |Posted In: Casa de Oración Mujer Virtuosa Predicas Reflexiones Sermones Vicky de Olivares.

5.2. Mujer Sujeta A Su Marido:

1 Pedro 3:1: Asimismo vosotras, mujeres, estad sujetas a vuestros maridos; para que también los que no creen a la palabra, sean ganados sin palabra por la conducta de sus esposas,

Efesios 5: 22-24   Las casadas estén sujetas a sus propios maridos, como al Señor;

porque el marido es cabeza de la mujer, así como Cristo es cabeza de la iglesia, la cual es su cuerpo, y él es su Salvador. Así que, como la iglesia está sujeta a Cristo, así también las casadas lo estén a sus maridos en todo.

Colosenses 3:18: Casadas, estad sujetas a vuestros maridos, como conviene en el Señor.

Tito 2:5: a ser prudentes, castas, cuidadosas de su casa, buenas, sujetas a sus maridos, para que la palabra de Dios no sea blasfemada.

El tema de la sujeción de la mujer al esposo es controversial, y para la mayoría de las mujeres es como una piedrita dentro del zapato, aún más ahora, en estos tiempos, donde los valores y roles están contrarios a la Palabra de Dios. Estar bajo sujeción no es sinónimo de inferioridad, menosprecio o desigualdad; estar en sujeción **es simplemente obediencia a Dios y su Palabra. Es un acto de amor y protección de Dios hacia la mujer, y para el bienestar de toda la familia**. Pensarán muchas mujeres: "¿Un acto de amor y protección?", pues déjame decirte que sí, y te explicaré el porqué: cuando las mujeres no nos sujetamos al esposo, pasamos su autoridad y tomamos decisiones sin consultarle a él, estaremos luego en problemas y con cargas que no deberíamos llevar. Te pondré un ejemplo de algo que me sucedió hace unos años. Una persona me pidió que le sirviera de fiadora para sacar un electrodoméstico, yo le dije que sí y no consulte con mi esposo. Tome una decisión sin tener en cuenta la opinión de él, y las consecuencias que he tenido que sufrir son bastantes molestas; esta persona no pago unas cuotas, fui reportada a data crédito, y por este problema se me dificultó hacer luego unas negociaciones, entre ellas, el obtener el alquiler de una casa para vivir con mi esposo. Puse en riesgo la estabilidad familiar y he tenido momentos de disgusto con estas personas, que no le desearía a nadie. Me arrepiento de haber pasado la autoridad de mi esposo y haberme involucrado en este problema, que ha sido todo un dolor de cabeza.

Otra cosa importante es, sujetarnos al esposo, sin importar su condición espiritual; nos sujetamos a él, por su posición de autoridad y cabeza del hogar, no porque él sea un hombre perfecto, espiritual o lo merezca. Muchas mujeres entregan su vida al Señor Jesús, primero que sus esposos, entonces comienzan a creerse mejores que ellos, más aptas para tomar las decisiones del hogar, más "espirituales" que sus maridos y comienzan a menospreciar a sus esposos, y a no sujetarse a ellos. **Este es el mayor error que una mujer cristiana puede cometer.**

Miremos unos consejos que da la Palabra de Dios a las mujeres en el libro de **Tito capítulo 2: 3. Las ancianas asimismo sean reverentes en su porte; no calumniadoras, no esclavas del vino, maestras del bien; 4. que enseñen a las mujeres jóvenes a amar a sus maridos y a sus hijos, 5. a ser prudentes, castas, cuidadosas de su casa, buenas, sujetas a sus maridos, para que la palabra de Dios no sea blasfemada.** Esta Palabra es fundamental, se dan varias recomendaciones a las mujeres, y una de ellas es que las mujeres estén sujetas a sus maridos, *para que la palabra de Dios no sea blasfemada*.

Se estarán preguntando, ¿cómo es esto?, bueno trataré de explicarlo lo más sencillo posible: Una esposa cristiana que está asistiendo a la Iglesia y que lee la palabra de Dios, pero luego llega a su casa, no atiende al esposo, descuida a los hijos, o no obedece al marido, ni lo respeta, le contesta mal, se cree mejor que él, lo desautoriza o ridiculiza delante de los hijos, esto provocará que el esposo piense y diga: "Tú estás yendo a la iglesia, lees la Biblia, pero estás descuidando el hogar, eres rebelde y no me respetas", ¿qué te están enseñando en esa Iglesia?, ¿eso es lo que aprendes en la Biblia?. El hombre blasfemará de la palabra de Dios, por la conducta rebelde y mal testimonio de la esposa. Te aseguro que tu esposo no tendrá deseos de acercarse a Dios o leer la Biblia, a causa de tu conducta desobediente, y de no sujetarte a él.

He leído testimonios sobre esposos que han prohibido a la mujer ir a la iglesia y ellas obedecen, pero siguen orando, teniendo comunión con Dios, leyendo la Palabra en sus casas, sujetándose, respetando a sus maridos y amándolos, cuidando de sus hijos con amor y esmero; y no pasa mucho tiempo, sin que el esposo comience a cambiar y a ser tocado y transformado por Dios, hasta querer tener la paz y el gozo, que tiene la esposa y por tal motivo rendirá su vida al Señor Jesús, por el buen testimonio de su mujer. No digo que debes dejar de ir a la Iglesia, si tienes problema con tu esposo a cerca de esto, dialoga con él y trata de conciliar tu ida a la iglesia, pero sí él te lo prohíbe rotundamente, sería bueno que consultaras con el pastor o consejero de familia de tu congregación, acerca de lo que deberías hacer en este caso.

Estarán pensando que hay algo de contradicción en lo que estamos estudiando ahora, en cuanto a la sujeción, con lo que vimos anteriormente, sobre oponerse en algunas ocasiones, o hacerle ver a su esposo algo que está incorrecto. En el caso, cuando la ayuda idónea se opone o no está de acuerdo con su marido, **en algo que no es correcto; en este caso en particular, ella no está siendo insujeta o rebelde, simplemente, está ayudando a su marido a ver algo que está incorrecto**, aquí ejerce su rol de **Kenegdó o idónea.** La mujer debe ser muy sabia, y **sin faltar el respeto a su marido**, deberá establecer su posición firme, de no estar de acuerdo, en aquello que el hombre está haciendo fuera de la voluntad de Dios; ya si el hombre prosigue, al menos ella fue esa voz de alerta, haciendo su papel de idónea, en ayudar a su marido a hacer lo correcto y permanecer en la Palabra y en la voluntad de Dios.

Continuando con nuestro tema de la sujeción de la mujer al esposo, mi pregunta para ti, querida mujer, es: ¿Estás haciendo todo lo posible por sujetarte a tu marido o todavía tienes dificultad en cumplir con este mandato de Dios?

Sé por experiencia que no es fácil, pero tampoco es imposible. He tenido situaciones, en las cuales no quiero hacer lo que mi esposo me pide. Algunos casos, en los cuales, no me gustó la forma en que lo dijo, entonces, he pensado: "No lo haré", pero escuchó una voz muy suave que me dice: "Eunice, hazlo, es algo simple, solo sirve con amor". Sé que es la voz del dulce Espíritu Santo, decido hacer lo que mi esposo requiere, y después de esto, hemos tenido tiempos hermosos de compartir y conversar en armonía. Hubiese perdido un tiempo de calidad con mi marido, si me hubiese retraído y haber estado ofendida con él; pero escogí obedecer a Dios, y esto me ayudó a salir de mi enfado y luego a disfrutar de un buen tiempo con mi esposo. Y muchas veces, él luego se disculpa, sin tener aun yo que hablar, sino con mantener una posición de mansedumbre, esto le hace reflexionar, Dios mismo lo confronta, y como resultado el cambia su actitud.

De la sujeción a tu marido dependerá la paz en tu hogar, y también tu propio bienestar. Créeme que te ahorrarás algunas gastritis u otras enfermedades derivadas del estrés, cuando entiendas y practiques la sujeción a tu marido.

Por otro lado, cuando tu marido, se está saliendo de la voluntad de Dios, o está haciendo algo indebido, ¿estás tú siendo esa opositora, que le hace ver su error?, pero cuidando la forma en que le haces ver las cosas; no te estoy diciendo, que le faltes al respeto, solamente sé un faro de alerta en la vida de él, cuando necesite una luz roja en su caminar. A veces tenemos que ser firmes en oponernos a algo que definitivamente no es una correcta decisión. Pero igual, los hombres cuando tienen una idea en mente, no desisten tan fácilmente. Entonces en esos casos, a la esposa solamente le resta orar y pedirle a Dios, que les hable directamente.

Lo Que NO Debe Hacer La Mujer:

➢ No Tomar el lugar que le corresponde al marido.
➢ No ser líder en la familia.
➢ No debe ser independiente.
➢ Ser insolente y tener un trato irrespetuoso, ridiculizar al esposo.
➢ No Guardar resentimientos.
➢ Tratar mal a la familia de él.
➢ No ser posesivas o manipuladoras.
➢ No estar de acuerdo con su esposo en cosas incorrectas.
➢ No Competir con su esposo por la autoridad en el hogar o en cualquier otra área.
➢ No desautorizar al esposo en presencia de los hijos o extraños.
➢ No estar recordándole al esposo sus pecados o fallas pasadas.
➢ No hablar mal del esposo con cualquier persona.
➢ No esperar que las situaciones empeoren para orar y buscar la ayuda necesaria, en cualquier conflicto grave en el hogar.

5.3. La Mujer Creyente: Canal De Bendición al Esposo y Los Hijos.

1 Corintios 7:13-14 Y si una mujer tiene MARIDO que no sea creyente, y él

consiente en vivir con ella, no lo abandone. Porque el MARIDO incrédulo es santificado en la mujer, y la mujer incrédula en el MARIDO; pues de otra manera vuestros hijos serían inmundos, mientras que ahora son santos.

1 Corintios 7:16: Porque ¿qué sabes tú, oh mujer, si quizá harás salvo a tu MARIDO? ¿O qué sabes tú, oh MARIDO, si quizá harás salva a tu mujer?

En estos versículos vemos el papel tan importante que tiene una mujer creyente, y que su buen testimonio, puede ejercer una gran influencia en la vida de su marido y de sus hijos; dice que el marido incrédulo es santificado en la mujer y los hijos son santos, por causa de su madre creyente. También habla que la mujer puede ser un canal de bendición, por el cual su esposo podría llegar a ser salvo.

Estimadas mujeres, no desmayen en su fe, sigan fieles en su testimonio de vida y demostrando el amor en sus hogares, esto dará fruto. Dios es fiel y contestará a sus oraciones, sus esposos, sus hijos llegarán a ser salvos, si ustedes **perseveran** en orar por ellos y con una buena conducta.

Mi querida mujer, que privilegio el que tú puedas ser una canal de salvación y bendición para tu familia. No importa, si las circunstancias en tu hogar están difíciles o imposibles, si el carácter de tu esposo es terrible y tus hijos están fuera de control. Con tus oraciones y manifestación del amor de Dios, a través de ti, ellos serán tocados y tarde o temprano, verás con tus propios ojos el cambio en sus vidas.

CORONA PRECIOSA

El Salmo 126:5 dice: *"Los que sembraron con lágrimas, con regocijo segarán"*.

Preciosa mujer, ni una lágrima derramada en oración por tu esposo o por tus hijos, quedará sin respuesta. Dios a su tiempo, te contestará.

Quiero hacerte esta pregunta y espero que tú seas muy honesta en contestarte a ti misma. O mejor que tú misma te hagas esta pregunta: ¿Estoy siendo un canal de bendición para mi familia? ¿Qué más puedo hacer para ayudar y bendecir a mi esposo y mis hijos? ¿Estoy sirviendo con amor en mi hogar a mi esposo e hijos, o lo hago sólo por obligación y de mal modo?

Ahora para ir finalizando, con respecto a la buena conducta, quiero hablar sobre la forma de vestir. Mujeres debemos ser sabias y prudentes, usar ropa decorosa y tener pudor al vestir. He escuchado de hombres cristianos quejarse del vestir de las mujeres en la iglesia, todas sabemos que los hombres son muy visuales, respetemos a nuestros maridos y no seamos de tropiezo o tentación para otros hombres. Si tienen hijas mujeres, miren que ejemplo con su vestir, les están dando a ellas. Les recomiendo buscar este link y leerlo: http://www.4christ.es/la-mujer-piadosa-y-discreta/

1 Timoteo 2:9: Asimismo que las MUJERES se atavíen de ropa decorosa, con pudor y modestia;...10: sino con buenas obras, como corresponde a MUJERES que profesan piedad.

1 Pedro 3:5: Porque así también se ataviaban en otro tiempo aquellas santas MUJERES que esperaban en Dios, estando sujetas a sus maridos;

Otro problema de las mujeres es nuestra lengua, **refrenemos nuestra lengua**, no seamos calumniadora, ni chismosas; esto no traerá bendición a nuestros hogares. Muchas mujeres están recogiendo lo que han sembrado con su boca. La Palabra dice, que cuando juzgamos, criticamos, luego nosotros estamos haciendo eso mismo que hemos criticado y recogiendo en nuestro hogar, eso que hemos juzgado.

Recuerdo una familia en el barrio donde yo crecí, la madre en este hogar, era una señora que le gustaba hablar mal de todo mundo y criticar a los hijos de otras señoras del vecindario. Sus hijos e hijas fueron creciendo, y todo lo que la señora criticó de los hijos de las otras mujeres, todo eso malo que juzgaba, sus hijos comenzaron a hacerlo y fueron peores, que los demás jóvenes que ella juzgó. Más adelante hablaré de este tema, con mayor profundidad y les daré unas citas bíblicas que hablan a este respecto.

1 Timoteo 3:11: Las MUJERES asimismo sean honestas, no calumniadoras, sino sobrias, fieles en todo.

Romanos 2:1: Por lo cual eres inexcusable, oh hombre, quienquiera que seas tú que juzgas; pues en lo que juzgas a otro, te condenas a ti mismo; porque tú que juzgas haces lo mismo.

5.4. La Mujer Virtuosa.

Proverbios 31: 10 -31

Mujer virtuosa, ¿quién la hallará?
Porque su estima sobrepasa largamente a la
de las piedras preciosas.
 El corazón de su marido está en ella confiado,
Y no carecerá de ganancias.
 Le da ella bien y no mal
Todos los días de su vida.
Busca lana y lino,
Y con voluntad trabaja con sus manos.
Es como nave de mercader;
Trae su pan de lejos.
Se levanta aun de noche
Y da comida a su familia
Y ración a sus criadas.
Considera la heredad, y la compra,
Y planta viña del fruto de sus manos.
 Ciñe de fuerza sus lomos,
Y esfuerza sus brazos.
Ve que van bien sus negocios;
Su lámpara no se apaga de noche.
Aplica su mano al huso,
Y sus manos a la rueca.
Alarga su mano al pobre,
Y extiende sus manos al menesteroso.
No tiene temor de la nieve por su familia,
Porque toda su familia está vestida de ropas dobles.

CORONA PRECIOSA

Ella se hace tapices;
De lino fino y púrpura es su vestido.
Su marido es conocido en las puertas,
Cuando se sienta con los ancianos de la tierra.
Hace telas, y vende,
Y da cintas al mercader.
Fuerza y honor son su vestidura;
Y se ríe de lo por venir.
Abre su boca con sabiduría,
Y la ley de clemencia está en su lengua.
Considera los caminos de su casa,
Y no come el pan de balde.
Se levantan sus hijos y la llaman bienaventurada;
Y su marido también la alaba:
Muchas mujeres hicieron el bien;
Mas tú sobrepasas a todas.
Engañosa es la gracia, y vana la hermosura;
La mujer que teme a Jehová, ésa será alabada.
Dadle del fruto de sus manos,
Y alábenla en las puertas sus hechos.

Este es uno de los más hermosos poemas que describe lo que debe ser una mujer.

A continuación reflexionaremos en algunos de los versos de este poema: El término virtuosa significa: incorruptible, puro, íntegro, bueno, bondadoso, indulgente, benévolo, caritativo, misericordioso, afable. Se aplican a las personas o a sus comportamientos, acciones, etc.,

✓ Una mujer virtuosa **es más valiosa** que una joya, que una piedra preciosa. No tienes que poseer joyas, riquezas, o un cuerpo escultural, o un gran título universitario para que te consideres valiosa. Eres valiosa porque Dios así lo afirma. **Y Jesús vio tu valor, cuando decidió morir por ti en la cruz del calvario para salvarte.**

✓ Su marido tiene plena confianza en ella. ¿Tu marido puede confiar en ti? ¿Mi marido puede confiar en mí? Cada una sabemos la respuesta.

✓ Respeta a su marido, él recibe bien de ella, lo hace feliz, piensa en hacer sentir bien a su marido todos los días, y trata de no contrariarlo. Lo ama y admira, pero no lo idólatra.

✓ Es una mujer que se levanta temprano para cuidar de su familia. Es diligente, no es perezosa, en lo que se refiere al cuidado de su casa en general.

✓ Trabaja con sus manos, tiene negocios, es creativa, tiene ganancias honestas, **sin descuidar su familia. Sus prioridades están bien enfocadas.**

✓ Se esfuerza en suplir las necesidades espirituales, materiales y afectivas de su esposo e hijos. A veces nos enfocamos en las necesidades materiales, y descuidamos las espirituales y afectivas.

Su familia está protegida en todas las áreas, pues la mujer virtuosa es una intercesora y edifica su casa con su boca y sus manos.

Proverbios 14:1: La mujer SABIA edifica su casa; mas la necia con sus manos la derriba.

✓ Cuida su tiempo de comunión con Dios y busca la llenura del Espíritu Santo. Para ser una verdadera ayuda idónea, definitivamente necesitamos estar llenas del Espíritu Santo; pues amar a un hombre, apoyarlo, cuidar de él y de un hogar, a pesar de los problemas personales que puedas tener, y las situaciones cotidianas del hogar, requieren una fortaleza espiritual y un depósito de amor y de los frutos del Espíritu Santo, en el corazón de una mujer. No podemos amar a nadie con nuestro propio amor humano, se requiere estar llenos del amor de Dios, para amar cada día a los que nos rodean.

Gálatas 5:22-23 Mas el fruto del Espíritu es amor, gozo, paz, paciencia, benignidad, bondad, fe,

mansedumbre, templanza; contra tales cosas no hay ley.

✓ Tiene misericordia de los pobres y necesitados. El dar a los necesitados es un reflejo del amor de Dios en nuestro corazón, también al hacer esto estamos agrando y alegrando el corazón de Dios y recibiremos recompensa por ello. Y lo más importante estamos enseñando con el ejemplo a nuestros hijos, sobre el ser misericordiosos, no ser egoístas y compartir con otros que están en necesidad.
Proverbios 14:21: Peca el que menosprecia a su prójimo; mas el que tiene misericordia de los pobres es bienaventurado.

✓ No tiene temor por el futuro de su familia. Confía en Dios. Muchas madres están preocupadas por sus hijos, por lo que les puede pasar en el entorno en que se están desenvolviendo a diario. Déjame decirte, sí has sembrado en tus hijos la Palabra de Dios, con principios y valores cristianos, y tus hijos han visto buen ejemplo y testimonio de lo que tú predicas, puedes estar segura que ellos no se apartaran del buen Camino, y Dios cuidará de ellos. *Confía y descansa en Dios acerca de tus hijos.*

Proverbios 22:6: INSTRUYE al niño en su camino, y aun cuando fuere viejo no se apartará de él.

✓ Es una mujer de testimonio en su vida, en todo lo que ella **es** y **hace.**

✓ Su marido es un hombre reconocido, de autoridad y prosperidad en todas las áreas, porque ella ha sido una buena ayuda idónea para él. Ella no está para competir con él, por autoridad, por reconocimiento; *al contrario ella es un apoyo, para que su esposo ascienda en todas las áreas.* Y un esposo sabio sabrá valorar la ayuda de su mujer, amarla y ser el líder que ella necesita.

✓ Es una mujer fuerte y se viste de honor y honra. Cuida su honor. Se cuida ella misma. No descuida su salud, su aspecto, ni su testimonio. Cuán importante es cuidar nuestro honor. A veces cuando una mujer no encuentra el amor y la comprensión en su esposo, puede estar tentada a buscar ese afecto en otro hombre. Un consejo que te doy, es que nunca tengas como mejor amigo, a otro hombre que no sea tu esposo. *Si tu esposo no está supliendo en ti esa necesidad afectiva, refúgiate en el amor Dios, los brazos de Jesús son el mejor lugar para ti.* No des lugar a que tu nombre y reputación caiga en deshonra, por tener compañías que no te convienen. También cuida tu forma de vestir, pues eso es un reflejo de lo que hay en tu interior. Que tu deseo sea lucir siempre hermosa solamente para tu marido, y siempre conservando el pudor de una mujer virtuosa, uno de los sinónimos de virtud, es pureza. Cuando te vistas, mírate en un espejo y pregúntate si tú forma de vestir refleja pureza o seducción y tentación para los hombres. En la parte de intimidad con tu esposo, si **debes** estar lo más atractiva y seductora para tu esposo, en la privacidad de tu dormitorio. La Biblia enseña sobre la belleza y pureza del sexo en Cantar de los Cantares, y otros versos en proverbios, donde habla que la mujer debe satisfacer a su esposo con abundantes caricias.

Proverbios 5:19: Como cierva amada y graciosa gacela. Sus CARICIAS te satisfagan en todo tiempo, y en su amor recréate siempre.

Con tu esposo debes ser una graciosa gacela y saber halagar y complacer a tu marido. Sobra decir que todo esto estará, dentro de los parámetros naturales, que Dios dispuso para el acto sexual.

✓ Es alegre y habla con sabiduría. Sabe callar y sabe expresarse según las circunstancias. La mujer que sabe dominar su lengua, definitivamente está bajo el señorío del Espíritu, y no de la carne; cuán difícil es que las mujeres refrenemos nuestras lenguas. **Es difícil pero no imposible**. Una mujer virtuosa, es una mujer sabía que está llena del Espíritu, y podrá callar o hablar en los momentos precisos. ¿Quieres construir un hogar de paz, quieres edificar realmente tu casa?: Refrena tu lengua, y cuando hables que sea para edificar, no para destruir, herir, menospreciar, juzgar, maldecir, gritar, insultar, burlarse, ofender, chismear, etc. Cuida tu lengua y decide que vas a hablar: vida o muerte, edificación o destrucción. **Proverbios 15:2: La LENGUA de los sabios adornará la sabiduría; mas la boca de los necios hablará sandeces.**

Proverbios 15:4: La LENGUA apacible es árbol de vida; mas la perversidad de ella es quebrantamiento de espíritu.

Proverbios 18:21: La muerte y la vida están en poder de la LENGUA,

Y el que la ama comerá de sus frutos.

Proverbios 20:19: El que anda en chismes descubre el secreto; no te entremetas, pues, con el suelto de LENGUA.

1 Pedro 3:10: Porque: El que quiere amar la vida y ver días buenos,

refrene su LENGUA de mal, y sus labios no hablen engaño;...

✓ Esta siempre vigilante de su casa, si tiene empleadas del servicio, sabe dirigirlas, está atenta que los quehaceres del hogar estén siendo bien ejecutados. Sabe delegar, pero está supervisando, *y nunca deja la responsabilidad de educar a sus hijos a las empleadas.* Muchas mujeres han delegado su función de madres y esposas, a las empleadas domésticas, abuelos, tías o profesores, etc.

Con respecto de delegar tus responsabilidades primarias a otros, ten mucho cuidado con esto, pues el tiempo que pierdas, dejando tus funciones a otras personas, nunca lo vas a recuperar con tu esposo e hijos.

Muchas mujeres, han perdido el precioso tiempo de ver crecer a sus hijos, de jugar con ellos, de enseñarles sus primeras palabras, pues no han estado allí en esos momentos para verlos. No te estoy diciendo que te anules como persona o que tus sueños y habilidades no se desarrollen. En estos tiempos la mujer está aportando en el hogar económicamente, tiene su profesión y está ocupando cargos importantes en la sociedad, en la iglesia; es una mujer inteligente, versátil, capaz de adaptarse con facilidad y rapidez a diversas funciones. Todo esto está muy bien, pero mi recomendación es, **no descuidar el hogar, tu familia,** *esa debe ser tu primera prioridad.*

Mi pregunta, querida mujer es: ¿Estás ocupando el lugar, y tomando el tiempo necesario con tu esposo y tus hijos en el hogar, o estás delegando tus funciones principales a otras personas?

Casos se han visto, donde los hijos respetan y aprecian más a las empleadas que a sus madres. O que el esposo ha caído en adulterio, pues las empleadas están más pendientes de él, que su propia esposa. Querida mujer, que no tengas que llorar por tus propios errores.

CORONA PRECIOSA

Cuida a tu esposo y a tus hijos y tú serás la primera en recibir la recompensa con un hogar feliz, un esposo que te ama y unos hijos que te obedecen y respetan. Tu esposo, no tendrá que buscar por otro lado, pues tú estás supliendo sus necesidades, y tus hijos crecerán sanos emocionalmente.

✓ Su esposo y sus hijos, están a gusto con ella, la bendicen, hablan bien de ella, saben que es una excelente esposa y madre; pues se sienten amados, protegidos, cuidados, rodeados, alentados, alimentados y seguros con ella. Apreciada mujer, ¿qué está hablando tu esposo de ti? ¿Qué dicen tus hijos sobre ti?

✓ Su mayor tesoro, su mayor virtud, no es su gracia o hermosura, **es su corazón,** pues el **temor al Señor, el temor a Dios**, está en ese corazón. No hay duda, que la mayor riqueza es tener el "Temor a Dios" en nuestros corazones. Esto nos capacita y equipa, para ser verdaderamente mujeres sabias, y con una hermosura interna, que irradiará tu cara, con una belleza sin igual y perenne, que no necesitarás de cirugías, para embellecerte.

✓ Recogerá del buen fruto que ha sembrado con sus manos, su boca y su conducta. Las recompensas que tendrás luego, serán eternas, de regocijo, de orgullo, de paz, de bienestar, cuando tu esposo te alabe, y tus hijos sean aquellos hombres y mujeres de bien para la sociedad y cumpliendo el llamado que Dios tiene con ellos. Lágrimas de gozo, satisfacción y agradecimiento, saldrán de tus ojos. Aunque para llegar a esto, tal vez primero, tuviste que pagar un precio en oración y morir a algunos de tus deseos, para ahora tener estas incomparables recompensas, de lo que sembraste. Mujer si sembraste amor en tus hijos, recogerás amor de ellos, si sembraste tiempo, tendrás hijos definidos y con un buen futuro, y si les enseñaste a amar a Dios, aseguraste la salvación de sus almas.

✓ Será reconocida, elogiada, alabada por lo que ella es y hace. Todo ser humano necesita el estímulo de la aprobación, el elogio, y una mujer mucho más. Pues nuestra naturaleza sensible, se fortalece cuando somos elogiadas por lo que somos o hacemos. Cuando cocinamos algo rico, nos encanta que nuestros esposos o hijos, digan: ¡Está delicioso, es lo mejor que he comido! O cuando hemos obtenido algún logro, nos encanta que nuestra familia nos felicite y se sientan orgullosos de nosotras. Si eres una mujer virtuosa, recibirás el debido ensalzamiento.

Vemos que la mujer virtuosa, de la cual se habla en Proverbios 31:10-31, es una mujer versátil, trabajadora, sabia, misericordiosa, mujer de negocios, sin embargo, hay muchos más versos allí, donde dice, **lo que ella es y hace, para su esposo e hijos, que lo que hace fuera del hogar**, esto muestra que **su motivación principal es su familia.**

Es muy lamentable que las madres tengan que dejar a sus bebes, de dos o tres meses de nacido, al cuidado de familiares o extraños. Sería bueno pensar, que tal vez la mujer **podría *trabajar desde su casa*, si es realmente necesario dinero extra** para el hogar, mientras cuida de sus niños. La mujer virtuosa de Proverbios, nuevamente es nuestro ejemplo modelo, de una mujer que trabajaba, **pero siempre tenía en mente el cuidado de su esposo, de sus hijos y de atender primeramente el hogar, aunque también era una mujer de negocios.** Esta mujer sabía administrar y repartir muy bien su tiempo, teniendo como **prioridad la familia.** Madres, nadie podrá reemplazar tu afecto, la seguridad y el amor que tus hijos necesitan. Sí pueden quedarse en casa para cuidar a sus bebes, ¡háganlo!; luego verán el fruto de esto: niños saludables, seguros de sí mismos. Sí tienen que trabajar, procuren que no sea demasiado tiempo fuera de casa, y de darles tiempo de calidad, cuando ustedes estén con sus hijos en el hogar.

Muchos hijos aunque con padre y madre, se sienten solos y abandonados, pues los padres dedican todo el tiempo a sus trabajos y a ellos mismos, olvidándose de sus hijos. Lo material nunca remplaza el afecto, el cuidado, el amor de un padre, y una madre, el calor del hogar, el compartir y conocernos unos a otros en familia. Escribo esto pues en nuestra era de avances en las comunicaciones, las familias se están viendo afectadas. El internet, los celulares, ipad, diferentes videos juegos, etc., están aislando a cada miembro de la familia en su propio mundo. No digo que esto sea malo, o que no se debe tener este tipo de tecnología, lo que recomiendo es poner horarios y normas para usarlos, y hacer todo lo necesario por respetar y lograr el espacio familiar, donde puedan compartir todos los miembros de la familia en unidad.

 Y te recuerdo nuevamente, que la clave para que seas una mujer virtuosa, una mujer sabia, una mujer exitosa en todas las áreas de tu vida, **es que, en tu corazón, esté el temor de Dios.** Y otra cosa importante, que **ames a Dios, que Dios sea siempre tu primer Marido,** y quieras agradarle a Él. Ten mucho cuidado de poner a tu esposo o hijos como ídolos; ellos son tu prioridad, pero no deben ocupar el PRIMER LUGAR. **Este lugar le corresponde sólo a Dios. Cuida tu tiempo**

personal y tu relación profunda con Él; esto te hará ser, y luego hacer, lo que la mujer virtuosa es y hace.

Mi deseo para ti princesa de Dios, mujer única en su género, con un corazón tan sensitivo y tierno, diseñada para traer balance en el hogar y mostrar el AMOR de Dios en tu familia. Mi oración por ti es, que Dios cumpla los propósitos en tu vida y a través de ti. Que tengas siempre la fuerza y gozo para ponerle frente a todas las adversidades. Recuerda, no estás sola, Dios quiere llenarte cada día de su AMOR, y de las más hermosas palabras, que tu corazón quiere escuchar: "Eres su amada, su preciosa gacela, la niña de sus ojos, la mujer por la cual, Jesús entregó su vida y murió para salvarte". Tienes un valor eterno para tu Amado Jesús, y Él nos está preparando y adornando para la más hermosa y majestuosa boda, que jamás se ha visto. La Boda, de los que formamos parte, de la Novia de Cristo: "Las Bodas del Cordero". Somos la Corona del Rey Jesucristo.

Déjate preparar, déjate ataviar con el ornato, de un espíritu dulce y apacible. Con el codiciable fruto del Espíritu Santo en tu vida, con el perfecto carácter de Jesucristo manifestado en ti, ese será tu más precioso perfume, que dará olor grato primeramente a tu amado esposo celestial Jesucristo y en segundo lugar para tu esposo terrenal.

Como dice el título de este libro, la mujer virtuosa es "corona para su marido". ¡Qué gran valor tienes! Corona es igual a honor, excelencia, nobleza, cerco, gloria, distinción, privilegio, gracia, satisfacción, delicia, goce, dignidad, premio, galardón. Todo esto y más, representas tú, para tu esposo. Así que, procura ser esa mujer virtuosa, esa corona para tu marido y no lo que dice la segunda parte de este mismo versículo: Proverbios 12:4 La mujer virtuosa es corona de su marido; mas la mala, como carcoma en sus huesos.

Mujer preciosa, mujer virtuosa, mujer guerrera, deleita a tu Amado Jesús, con los aromas y perfumes de tu adoración. Adoración y alabanzas que darás en los desiertos dolorosos de tu vida, pero también, en los momentos más felices en tu "Tierra Prometida".

CORONA PRECIOSA

Mi querida amiga, después de leer la parte que te corresponde a ti como esposa y madre, quiero que ores y derrames tu corazón ante Dios, dile a Dios cómo te sientes, evalúa como está tu relación con Dios. Si aún no has entregado tu vida a Cristo, si no le conoces como tu Salvador personal, es hora de que lo hagas con una sencilla oración: Jesús, necesito ayuda, tú diste tu vida en la cruz para pagar por mis pecados, mis errores. He vivido mi vida en mis propias fuerzas y a mi manera, y por este motivo he sufrido, me han hecho daño y también yo he dañado a otros, pero ahora te entrego mi vida, mi corazón, perdona todas mis rebeliones y mis pecados, toma el control de mi vida, quiero conocerte como mi Salvador personal, como mi Señor, muéstrame quién eres Tú, y todo lo que tienes para mí. Quiero ser la mujer, la esposa y la madre que Tú quieres que yo sea. Enséñame y guíame. Gracias

Algo importante que te recomiendo es orar y si es posible ayunar, y luego escribe los propósitos por los te casaste, y todas las cualidades de tu esposo, que te enamoraron. Las cualidades físicas, morales, intelectuales y espirituales. También escribe aquellas cosas que te gustaría que tu esposo corrigiera, y pregúntale, cómo tú puedes ayudarle en ese proceso de cambio, en aquellas cosas que no te agradan o están deteriorando la relación de ustedes como pareja. Prepara una cena especial, usa tu mejor vestido y perfume; comparte con tu esposo las listas que has escrito, y que Dios te guíe en todo, pues de la relación de ustedes como pareja, depende también el bienestar de tus hijos.

CORONA PRECIOSA

LA MUJER EN LA FAMILIA

Amada mujer, creada por Dios,
dotada de gran sensibilidad, fortaleza
y abnegación.

Mujer, que ayuda, rodea, protege,
mujer que sabe defender e interceder
por su esposo e hijos.

Esposa, una aliada para su marido,
o una opositora, sí él desvía su camino;
ella lo ayudará, a volver al camino.

Mujer, ayuda idónea con igual
valor que el varón,
pero con distinto rol y posición.

Compañera, que ayudará a su esposo,
no competirá con él,
no pretenderá ocupar el lugar de él.

Mujer, estad sujeta a tu marido,
como lo manda Dios en su Palabra,
para tu propia protección,
como un acto de amor.

Mujer, tu papel y testimonio en
tu familia es muy importante;
eres canal de bendición para tu esposo,

CORONA PRECIOSA

por ti, tus hijos pueden ser salvados
y santificados.
Amada mujer, vístete con ropa decorosa,
con pudor y modestia.
Vístete como la mujer virtuosa, con honor
esfuerzo, sabiduría, misericordia,
y con el temor a Dios en tu corazón.

Como la Esposa ataviada, primeramente
para su Celestial Esposo,
y luego para sujetarse y bendecir a su esposo
terrenal.
Para ser la corona de tu marido,
para traer honor y gozo a tu esposo!

Rosaura Eunice Gaitán de Swanson

AGRADECIMIENTOS

Quiero agradecer a Dios, por ser el Creador de la Familia. Por imaginar y haber hecho realidad, la unión de un hombre y una mujer; tan distintos en muchos aspectos, pero tan complementarios el uno al otro.

Poner en sus corazones el Amor y la atracción que hacen posible la unión. Ese amor que nos lleva al sacrificio, a dar lo mejor de nosotros, por el bienestar de nuestro cónyuge.

Y qué decir de los hijos, grandes bendiciones, que son la extensión del amor de los padres. Hijos que son nuestra herencia.

*Agradezco a Dios, por dejar el "Manual de Instrucción", con los consejos y órdenes precisas; que son los fundamentos sólidos, para **construir la TORRE FUERTE, La TORRE SEGURA**, que se llama: **"FAMILIA".***

Y finalmente agradezco a Dios, por darme un esposo, con el cual estamos construyendo nuestra "Torre".

¡Por todo esto, GRACIAS DIOS!

Rosaura Eunice

ACERCA DE LA AUTORA

Nací en Santiago de Cali, soy hija del señor Carlos Fernando Gaitán y la señora Rosaura Muñoz, en un hogar conformado por seis hijas y un hijo. Realicé mis estudios en Cali, Colombia, como educadora, y trabajé por espacio de 15 años en diferentes escuelas y colegios de esta ciudad. Estoy casada con un hombre canadiense.

Publiqué mi libro de poemas en el año 2.006. Reconozco que mi talento para escribir y declamar son un regalo de mi Creador. Ahora, Dios ha puesto en mi corazón la urgencia de este "Manual Para Las Familias", el cual deseo, sea de bendición y ayuda, a todo aquel que lea, y ponga en práctica, lo aquí escrito. No por ser mis palabras, sino porque he tratado de presentarles, **lo que Dios dice en su Palabra**, para las esposas, para las madres, para las preciosas coronas, ¡para ti, mujer!

INFORMACIÓN Y CONTACTO

Nombre de la compañía:

Ministerio Desde los Corazones

Autora: Rosaura Eunice Gaitán de Swanson

Dirección: Cali, Colombia, Sur América

Bloger: http://eunicegaitan.blogspot.com

Email: Shalomeunice1@yahoo.es

Teléfono: 313 727 48 19

Whatsapp: +57 313 727 48 19

Facebook: Rosaura Eunice Swanson

Twitter: @EuniceGaitan

www.ingramcontent.com/pod-product-compliance
Lightning Source LLC
LaVergne TN
LVHW010025070426
835509LV00001B/14